Tirso de Molina

Las quinas de Portugal

Barcelona **2024**
Linkgua-ediciones.com

Créditos

Título original: Las quinas de Portugal.

© 2024, Red ediciones S.L.

Diseño de cubierta: Michel Mallard.

ISBN rústica: 978-84-9816-525-8.
ISBN ebook: 978-84-9953-289-9.

Sumario

Créditos _____ **4**

Brevísima presentación _____ **7**
    La vida _____7

Personajes _____ **8**

Jornada primera _____ **9**

Jornada segunda _____ **45**

Jornada tercera _____ **73**

Libros a la carta _____ **109**

Brevísima presentación

La vida

Tirso de Molina (Madrid, 1583-Almazán, Soria, 1648). España.
Se dice que era hijo bastardo del duque de Osuna, pero otros lo niegan. Se sabe poco de su vida hasta su ingreso como novicio en la Orden mercedaria, en 1600, y su profesión al año siguiente en Guadalajara. Parece que había escrito comedias y por entonces viajó por Galicia y Portugal. En 1614 sufrió su primer destierro de la corte por sus sátiras contra la nobleza. Dos años más tarde fue enviado a la Hispaniola (actual República Dominicana) y regresó en 1618. Su vocación artística y su actitud contraria a los cenáculos culteranos no facilitó sus relaciones con las autoridades. En 1625, el Concejo de Castilla lo amonestó por escribir comedias y le prohibió volver a hacerlo bajo amenaza de excomunión. Desde entonces solo escribió tres nuevas piezas y consagró el resto de su vida a las tareas de la orden.

Inspirada en los conflictos entre cristianos y musulmanes, el manuscrito de *Las quinas de Portugal* tiene esta nota explicativa que enumera las fuentes históricas utilizadas en la redacción de la comedia. Esta referencia directa a crónicas, no romances, esta sujeción a la historia, contrasta con las prácticas habituales en la comedia histórico-barroca:

> Todo lo historial, de esta comedia se ha sacado con puntualidad verdadera de muchos autores, ansí portugueses como castellanos, especialmente del Epítome de Manuel Faría y Sousa, parte 3.ª cap. 1.°, en la vida del primero conde de Portugal (pág. 339) don Enrique, y en el cap. 2.° de la del primer rey de Portugal don Alfonso Enriquez, pág. 349, *et per totum*. —Item: del librillo en latín intitulado *De vera Regum Portugaliae Genealogia*, su autor Duarte Nuñez, jurisconsulto, cap. 1.° de *Enrico Portugaliae Comite*, folio 2, y cap. 2.° de *Alfonso primo Portugaliae Rege*, folio 3.' —Pero esto y todo lo que además de ello contiene esta representación, se pone con su autor a los pies de la Santa Madre Iglesia, y al juicio y censura de los que con caridad y suficiencia la enmendaren. En Madrid a 8 de marzo de 1638.

Personajes

Don Alfonso Enríquez, conde de Portugal
Brito, pastor gracioso
Don Egas Muñiz
Don Gonzalo
Una dama
Algunos portugueses
Don Pedro
Giraldo, viejo
Ismael, rey moro
Leonor, dama
Zulema, moro
Algunos moros
Un alfaquí
Un niño que hace a Cristo

Jornada primera

(Toda la fachada del teatro ha de estar de arriba abajo llena de riscos, peñas y espesuras, de matas, lo más verosímil y áspero que se pueda, imitando una sierra muy difícil, con las circunstancias que se dirán después. Por lo más alto de estas breñas saldrá Brito, rústico, con un bastón largo, disparando la honda, y por en medio de las diehas peñas sale el conde don Alfonso Enríquez en hábito de caza, en cuerpo muy bizarro.)

Brito	¡Hao, que espantáis el cabrío!
	¡Verá por dó se metió!
	¡Valga el diabro al que os parió!
	¡Echad por acá, jodío!
	¡Teneos el embigotado!
Alfonso	Enriscado me perdí,
	pastor, acércate aquí.
Brito	¿Acercáosle? ¡Qué espetado!
	Pues yo os juro a non de San
	que si avisaros no bonda
	y escopitina la honda
	seis libras de mazapán
	(mejor diré mazapiedra)
	¡Hao, que se mos descarría
	ell hato!
Alfonso	Escucha.
Brito	¡Aún sería
	el diablo! ¡Verá la medra
	con que mos vino! ¡Arre allá,
	hombre del diabro! ¿Estás loco?
	Ve abajando poco a poco,

no por ahí, hancia acá,
¡Voto a San, si te deslizas!

Alfonso   Acerca, dame la mano.

(Acércanse.)

Brito   Que has de llegar a lo llano
bueno para longanizas.

(Dale el cabo del bastón y tiénenle ambos.)

                       Agarraos a ese garrote.
                       ¿Quién diabros por aquí os trujo?
(Bajando.)   Teneos bien, que si os rempujo
                       no doy por vueso cogote un pito.

Alfonso   ¿Qué sierra es ésta?

(Bajando Brito hacia Alfonso, asidos los dos al palo.)

Brito   La de Braga, hacia Galicia.

Alfonso   ¡Notables riscos!

Brito   Se envicia
hasta el cielo.

Alfonso   ¡Extraña cuesta!

Brito   Llámase Espantaruínes.

Alfonso   No sé yo que haya en España
más escabrosa montaña.

| Brito | Mala es para con chapines. |
| | Dad acá la mano. |

| Alfonso | Toma. |

(Júntanse las manos y repara Brito en el guante.)

Brito	¿Hay mano con tal blandura?
	O sois vagamundo o cura.
	Echad por aquesta loma
	con tiento. ¡Hao! Que caeréis.

(Van bajando poco a poco de las manos.)

| Alfonso | ¿Hay peñas más enriscadas? |

Brito	¡Manos de lana y peinadas!
	¡Qué guedejas, hao! Me oléis
	a poleo. ¡Pregue a Dios
	que no encarezcáis la lleña!

| Alfonso | No malicies. |

| Brito | Pues ¿hay dueña |
| | que las traiga como vos? |

| Alfonso | ¿Nunca viste guantes? |

| Brito | ¿Qué? |

| Alfonso (Aparte.) | Éstos. (Simple es el villano.) |

(Descálzase uno.)

Brito	¡Aho, que os desolláis la mano!
	¿Estáis borracho? A la hé
	que debéis ser fechicero.
	El pellejo se ha quitado
	y la mano le ha quedado
	sana apartada del cuero.
	Las mías ell azadón
	las ha enforrado de callos.
	Pues que sabéis desollallos,
	hacedme una encantación;
	o endilgadme vos el cómo
	se quitan, que Mari Pabros
	se suele dar a los diabros
	cuando la barba la tomo.

(Bajando.)

Alfonso	¡Sazonada rustiqueza!
Brito	Por aquí, que poco falta
	de la sierra.
Alfonso	Ella es bien alta
	y escabrosa su aspereza.
Brito	Y decid, por vuesa vida,
	¿qué se puede desollar
	la mano sin desangrar
	quedando entera y garrida?
Alfonso	Anda, necio. La que ves
	es una piel de cabrito
	o cordobán.

Brito	¡Pues bonito soy yo!
Alfonso	Adóbanla después y ajustándola a la mano del polvo y Sol la defiende.
Brito	¿Sí? ¡Bueno! O sois brujo o duende. Vos pensáis por lo serrano burlarme. ¿No está apegada con la carne a esotra?
Alfonso	No.
Brito	No os la vi desollar yo?
Alfonso	Estaba en ella encerrada como tu pie en esa abarca.

Brito	Ataréislas por traviesas,
	que ya yo vi manos presas
	por retocar lo dell arca;
	  Mari Pabros mé pedía
	la mía de matrimeño
	y yo, como amor lo enseño,
	dándole a esotra vacía
	  burlada se quedaría

(Ya están abajo.)	si por Olalla la dejo, que hay mano que da el pellejo, pero no la voluntía, y porque ya estáis abajo adiós, que all hato me vó.

Alfonso	Quiero desempeñar yo las deudas de tu trabajo. Toma este anillo.
Brito	¿Este qué?
Alfonso	Sortija. Es de oro.
Brito	Verá; mijores las hay acá de prata. Se le daré a Mari Pabros. Señor, ¿qué es esto que relumbrina?
Alfonso	Un diamante, piedra fina.
Brito	Lo que llaman esprendor el cura y el boticario.
Alfonso	¿Quién?

Brito	Un par de entendimientos
	que, a falta de pensamientos,
	mos habran extraordinario;
	  y hay en nueso puebro quien
	mos avisa esto que oís,
	echan al centeno anís
	para que mos sepa bien;
	  habran los dos tan prefundo
	que los doy a Barrabás
	y porque no es para más,
	adiós, hasta el otro mundo.

(Vase.)

Alfonso   Dudo que puedan hallarme
                           en tan distante espesura
                           mis monteros. ¡Oh hermosura!
                           Tú has venido a enajenarme
                              de mi gente y de mí mismo.
                           Es doña Elvira Gualtar
                           objeto digno de amar,
                           pero en el hermoso abismo
                              que mi memoria atropella,
                           anegadas mis pasiones
                           falto a mis obligaciones.
                           Dos ángeles tengo en ella,
                              dos niñas, que de mis ojos
                           niñas han venido a ser
                           para no dejarme ver
                           más que sus bellos despojos.
                              Soy conde de Portugal,
                           y por la madre y las hijas
                           ocupaciones prolijas
                           de un gobierno casi real
                              olvido. Pero ¿qué es esto?

(Suena música. Ábrese toda la montaña desde la mitad abajo, quedañdo
descubierta una cueva capaz, toda entapizada de hiedra, flores y romeros,
techos, paredes y suelo. En medio de una mesa de hierbas, y asentado
en un peñasco, la cara a la gente, Giraldo, viejo venerabilísimo, vestido de
estera de palma, con algunos libros como que los estudia; a un lado de la
puerta de la cueva una palma, colgando de ella las armas que aquí se dicen.
Las peñas por donde bajó el Alfonso, levantadas agora, servirán a la cueva
de chapitel y toldo.)

Alfonso   Los peñascos, obeliscos
                           de esta sierra, entre sus riscos,

dividiéndose, han compuesto
entre su nevado espacio
un modo de solio regio
[...]
que de la aurora es palacio;
las peñas sus capiteles,
con majestad elevados,
techumbres suplen dorados.
Hierbas sirven de doseles
que, entretejidas de flores,
trepan sus ramas inquietas
por jazmines y mosquetas
con brazos escaladores.
Desde el verde pavimento
hasta el florido artesón
da causa a la admiración
que le juzga encantamento.
Una senectud se eleva
prodigiosa y venerable
que, con respeto agradable,
el centro ocupa a la cueva.
Trofeos son de esta palma
la espada, yelmo y arnés.
Algún héroe portugués
por la milicia del alma
los materiales olvida.
Libros, estudioso, hojea.
¡Qué bien sus ocios émplea!
¡Qué bien retirada vida!
Amagos muestra divinos.
Toda el alma me ha robado.

(Quiere retirarse asombrado y levántase Giraldo y sale deteniéndole.)

Giraldo	Detén, huésped deseado,
	el paso a tus descaminos.
	Por dicha, ¿eres portugués?
Alfonso	Por dicha y mucha lo soy,
	pues las dichas que medro hoy
	en verte son interés
	el más nuevo que jamás
	de mi discurso el exceso,
	apeteció.
Giraldo	Según eso
	al conde conocerás
	Alfonso Enríquez.
Alfonso	Criéme
	en su casa y compañía,
	y tanto de mí se fía,
	que, para que más se extreme
	la privanza afectuosa
	con que siempre me estimó,
	podré decir que él y yo
	somos una misma cosa.
Giraldo	Con eso ha calificado
	dignamente la elección
	de su mucha discreción;
	pero ¿quién lo ha derrocado
	por aquestos precipicios?
Alfonso	Cazando, al conde perdí
	no muy distante de aquí.
Giraldo	Son honestos ejercicios

17

los que imitan la milicia,
ensayando entre las fieras
burlas que enseñan las veras
cuando es menos la codicia
de esa noble ocupación
y goza de paz su estado.
Yo sé que te habrá causado
justamente admiración
el verme, cuando penetras
soledades enriscadas,
colgar armas jubiladas
y dar el ocio a las letras.

Alfonso   Dices, padre, la verdad.

Giraldo   Pues para que se la cuentes
al conde, y los accidentes
de la Fortuna en mi edad
última con más consejós
le hagan volver sobre sí,
siéntate, joven, aquí,
que los líquidos espejos
de esta fuente y lo habitable
de esta sombra, los acentos
de las aguas y los vientos
harán mi historia agradable.

(Siéntanse sobre dos peñas.)

Giraldo   En la ciudad de Oporto, donde el Duero,
para que nazca mar, expira río,
flor en botón, nací del cano enero
de un tronco generoso, padre mío.
No sé, al nacer, lo que lloré primero,

o su muerte o mi vida que rocío
consume el Sol que llora la criatura
el breve tiempo que su aliento dura.

    Huérfano, en fin, en mi inocente infancia,
con poco amparo y menor herencia,
la industria supo hacer a la ignorancia
en mis primeros años resistencia.
Entorpece ociosa la abundancia,
y la penuria es toda diligencia.
Ésta, pues, que el valor no desperdicia,
me llevó, ya mancebo, a la milicia.

    Vino a Castilla el conde don Enrique,
hijo cuarto del duque de Borgoña,
ramo del francés lirio a quien dedique
triunfos la flor que en Portugal retoña,
porque eterno en Alfonso se fabrique
el regio asilo contra la ponzoña
del Alcorán, y con mejor fortuna
pise el Sol de su cruz su media Luna.

    Sirvióse Alfonso el sexto de su espada,
siempre fiel y a su lado vencedora;
ya en su fortuna adversa, aunque amparada
del toledano alarbe, si hay fe mora,
ya en la propicia con la destinada
muerte del rey, su hermano, que en Zamora
infancias dio a Bellidos y escarmientos
a monarcas que quiebran juramentos.

    A la sombra, pues, yo de la milicia
del héroe Enrique, borgoñón famoso,
medré con su privanza, la noticia
del marcial ejercicio siempre honroso
rey en León, Castilla y en Galicia,
Alfonso el sexto, y para mas honroso
blasón que siempre el africano tema

imperial en sus sienes la diadema.
    A nuestro Enrique con su gente envía
por capitán de la conquista santa
que oprrme la otomana tiranía,
llora la iglesia y la blasfemia canta.
Partí con él, y mereció en Suría
por muestra del valor que le adelanta
del papa Urbano, que quién es conoce,
que uno le elija entre sus pares doce,
    presuma numerar los que desata
átomos, esa antorcha de los cielos,
oro en la arena, en las estrellas plata,
al viento soplos y a las aves vuelos.
¿Quién a lo que hizo Enrique en Damiata
y en Antioquía atreva paralelos?
Que no hay bastante, cuando afecte suma,
bronces a estatuas ni a vitorias pluma.
    Entró Godofredo, en fin, triunfante
en la ciudad gloriosa en que la vida
el Dios de Amor perdió de puro amante,
ingrata, y de su púrpura teñida
de aquélla que creyéndola diamante
Melquisedec fundó, y ennoblecida
sobre cuantas el Sol dora y conoce,
metrópoli amparó en los tribus doce.
    Allí, después que nuestro Enrique alcanza
fama inmortal, que encarecer no puedo,
único premio suyo, su alabanza,
le enriqueció el glorioso Godofredo
con el divino hierro de la lanza
—bañado en gozo al referirlo quedo—
hierro que abrió de amor todo el abismo,
sangre a la redención, agua al bautismo.
    Dióle más, una parte sacrosanta

de la diadema regia, la corona
que con tanta crueldad y espina tanta
a Dios castiga, porque Dios perdona,
de aquel árbol un trozo, aquella planta
que la granada augusta nos sazona,
pechiabierta, purpúrea, coronada,
que en el altar es pan, si allí granada.

Añadióle con esto una sandalia,
depósito preciso del aliño
que produjo más flores que Thesalia,
que vistió más purezas que el armiño,
que el ámbar, que el almizcle, que la algalia
que el amor, que el deleite, que el cariño,
de Pafos de Pancaya en flores bebe,
de María sandalia urna de nieve.

De Magdalena, como blanca espuma
una toca de aquella enamorada
pirausta de su Dios, sin que consuma
incendio tanto, tanta fe abrasada
el brazo de San Lucas que en la pluma
y en el pincel nos feria trasladada
al oído la fe, copia a la vista,
su médico, pintor y evangelista.

Victorioso volvió con tanta empresa
a los brazos del rey, que le recibe
en Toledo, triunfante, y le confiesa
que en el Asia por él su fama vive.
Premióle yerno suyo, con Teresa,
carísima hija suya, y le apercibe
a que por juro de heredad posea
a Portugal y conde suyo sea.

Dióle en mi patria a la ciudad de Oporto,
a Coimbra, a Viseo y las amenas
regiones que en espacio y sitio corto

bañan de Duero y Miño las arenas,
la Beira y Tras os Montes; y le exhorto
que debele las lunas sarracenas,
a cuyos africanos desleales
diez y siete batallas dio campales.
    En Guimaraes su corte constituye,
desde ella gana la ciudad de Ulises,
la gran Lisboa, en quien el Asia incluye
profética opresión de sus países.
¡Oh Menfis española! El tiempo que huye
con plumas de sus años, a que pises
te destina los indios Dulimanes,
de zamorines, chinos e hildocanes.
    Con católicas mitras las cabezas
ciñó de Braga, hispana primacía,
de Oporto y de Coimbra. ¿Qué grandeza
no adquiriría a quien Dios su culto fía?
En Viseo, en Lamego, entre asperezas
otras dos catedrales también cría.
Salomón en la paz, cuyos ejemplos
pontífices colocan, labran templos.
    Siempre a su lado yo, siempre valido,
aliento su valor, sigo su fama;
pero una vez, por verle divertido
en los amores ciegos de una dama,
de mis fieles consejos ofendido,
mariposa a la luz de inquieta llama,
de su corte y condado me destierra;
trueco su indignación por esta sierra.
    Vivido la he su huésped cuarenta años,
colgando de esa palma, entre trofeos,
escarmientos que medran desengaños,
ambiciones que mueren en deseos.
Las encinas robustas, los castaños,

han suplido al sustento los recreos
de la gula, que a tanto vivo incita,
dichoso quien lo menos necesita.
    Supe —no me preguntes de qué suerte—
que cumplió el magno Enrique con la paga
fatal, ejecutora al fin la muerte,
y que con la condesa yace en Braga;
que Alfonso Enríquez, cuyo brazo fuerte
del valor heredero que propaga,
no solo en sus estados le sucede,
sino que aventajarle en triunfos puede.
    Que nació lastimando compasiones,
pegadas con las piernas las rodillas,
que don Egas Muñiz con oraciones
mereció en su salud ver maravillas;
que, joven, se sujeta a sus pasiones,
y en vez de valeroso reprimillas,
a una mujer las postra, por que iguale,
haciendo que hile, a Alcides con su Onfale.

(Levántanse.)

    ¡Oh joven esclarecido! Tú eres éste,
tu rama de Borgoña y de las lises
del sexto Alfonso nieto manifieste
en ti su sangre, porque alarbes pises;
huye esa Circe, contagiosa peste;
pues heredas a Ulises, sigue a Ulises,
y no te canses en hacer buscarme,
que hasta el mayor aprieto no has de hallarme.

(Éntrase Giraldo en la cueva y clérrase como primero.)

Alfonso   Volvió a cerrarse la roca

del prodigio pedernal,
y aun no ha dejado señal
de adónde tuvo la boca.
Alma es que a su centro toca
la senectud venerable
de su huésped; cuanto afable,
digno tanto de respeto,
ocultómele, en efecto,
su depósito admirable.

    ¡Válgame Dios! ¡Que de suerte
me haya el veneno adormido
de una beldad! ¡Que haya sido
forzoso que me despierte
un retrato de la muerte!
¡Que sea tal el frenesí
que sin seso apetecí,
que ocasione de este modo
a que se abra un monte todo
para que yo vuelva en mí!

    Predicóme un casi muerto
que este sepulcro escondía,
y aunque en desierto, alma mía,
no es predicar en desierto;
túmulo es el que se ha abierto
en este monte excesivo,
y ya por él me apercibo
a que, tirando la rienda,
ni un mármol me reprehenda
ni un muerto predique a un vivo.

(Salen don Egas, don Gonzalo, don Pedro, Brito y otros.)

Brito   Digo que según las señas
que a sus mercedes oí,

es el mismo que por mí
no dio desde aquesas peñas
   al valle cogote abajo.
El ha de ser un garzón
entre lampiño y barbón,
[...]
   que tieso lo pisa y huella,
y al revés de los cristianos,
tiene dos pares de manos
y sin sangre las desuella;
   en lo demás muy buen hijo,
pues cuando del puesto abaja,
por quitarme allá esta paja
no da menos que un sortijo.

(Muéstrasele.)

Giraldo	Éste es suyo.
Egas	Y éste el conde.
Alfonso	Pues, amigos.
Giraldo	Gran señor,

el pozo tras el temor
mas alegre corresponde
   a la esperanza y deseos;
los pies pido que nos des.

Brito	¿Para qué querrán los pies?
Alfonso	Perdíme entre los rodeos

   de este bosque y selva espesa.

Egas	Vuestra alteza, conde, ha dado un susto a nuestro cuidado.
Brito	¿Que se llama Cosme Artesa? Sabrélo de aquí en delante.
Giraldo	Bueno Portugal quedara, conde infante, si os llorara perdido.

Brito	¿Cosme Elefante
	  es también y Cosme Artesa?
	Tendrán por allá los hombres
	como las manos los nombres
	a pares. Señor, me pesa
	  de no herle mercé enfenito;
	un pastor es ignorante,
	pues si él es Cosme Elefante
	y Artesa, siendo yo Brito,
	  es siempre la gente nuesa;
	pero su perdón me dé
	que desde hoy le llamaré
	Cosme, Elefante y Artesa.

Alfonso	Cese, don Egas Muñiz,
	la caza que Marte ensaya;
	Gonzalo Méndez de Amaya,
	Pedro Páez, Duarte Ruiz,
	  logremos las esperanzas
	que el valor busca en las veras;
	si hay moros, ¿para qué fieras?
	¿Para qué bosques, si hay lanzas?
	  No cubra el orín arneses
	que la ociosidad infama

cuando el asombro nos llama
invencibles portugueses.

(Sale don Gonzalo con un escudo que tenga en campo de plata una cruz
azul atravesada, como está.)

Alfonso   Dadme, Gonzalo, ese escudo;
                 en él mi progenitor,
                 por alentar mi valor,
                 las azules bandas pudo
                     esmaltar que el blasón franco
                 a su ascendencia donó;
                 pero mi padre estimó
                 en más, dejándolo en blanco,
                     que con victoriosas pruebas
                 sus hazañas laureadas,
                 en vez de las heredadas,
                 le adquiriesen armas nuevas;
                     y después que éstas a luz
                 sacaron de esas proezas
                 las no imitadas grandezas,
                 puso la celeste cruz
                     en campo de limpia plata,
                 en fe que Jerusalén
                 las suyas quiere que den
                 premio a quien en Damiata
                     triunfó del egipcio espanto;
                 cruz azul, señal del celo
                 con que restituyó al cielo
                 de Dios el sepulcro santo.
                     En esta cruz, pues, divina
                 jurad todos, yo el primero,
                 no desnudar el acero

(Chirimias.)

mientras la alarbe ruina
   a mi Portugal posea,
mientras la secta lasciva
en nuestras comarcas viva.
Esto, vasallos, desea
   vuestro conde, vuestro infante,
sucesor de Enrique y nieto
de Alfonso rey.

(De rodillas, cada uno la mano sobre la cruz del escudo.)

Egas
                    Yo prometo,
mientras adorne el turbante
   morisco la media Luna,
no desnudar el arnés.

Giraldo
            Valor tengo portugués;
yo seguire tu fortuna.

Pedro
            Lo mismo juro.

Alfonso
                    Pues alto,
lusitanos belicosos,
despejad bosques ociosos,
que si los muros asalto
   de Santarén, y allí dejo
enarbolada la cruz,
yo haré que el moro andaluz
nos desocupe a Alentejo.

Brito
                ¿Y seré yo si le sigo;
también valiente, señor?

Egas	¿No eres portugués, pastor?
Brito	¡Y cuómo!
Egas	Vente conmigo, que el serlo solo te basta.
Brito	Mari Pabros, adiós, pues, que va Brito portugués a her en Mahoma casta.
Pedro	¡Viva nuestro conde infante, Sol de la luz portuguesa!
Brito	¡Viva nuestro Cosme Artesa, Cosme Artesa y Elefante!

(Vanse. Salen retirándose de Ismael, un moro, doña Leonor y una dama suya.)

Dama	Retírate, que se acerca.
Leonor	¡Que se atreviese hasta aquí este bárbaro!

(Sale Ismael.)

Ismael	Perdí el lance. Entróse en la cerca.
Leonor	Subamos al homenaje; veremos lo que este perro pretende.

Ismael
    Amor, de este encierro
sacad mi Sol, que es ultraje
  que, rayo de pluma vos,
cuando se subiera al cielo,
no alcanzárades su vuelo.
¿Para qué os blasonáis, dios,
  si ni con flechas ni llamas
habéis podido vencer
el curso de una mujer?
¡Ah de mi gente!

(Arriba doña Leonor.)

Leonor
    ¿A quién llamas?
  Alarbe loco, ¿qué intentas?
Este castillo, ¿no sabes
que fía su guardia y llaves
a un portugués que en sangrientas
  lides partió más turbantes
que seca Agosto amapolas,
que el Tejo se viste de olas,
que al cielo bordan diamantes?
  ¿Sabes que es Vasco Cautiño
su alcaide y que mi padre es?

Ismael
Sé que es el Sol portugués
desde que el hermoso aliño
  con que dora sus cabellos
A los vuestros trasladó,
para que, abrasado yo,
fénix me consuma en ellos.
  Sé que, aunque pena no os da
mi esperanza por vos seca,

sois mi Mahoma, mi Meca,
mi Sol, mi cielo, mi Alá.
   Sé, en fin, siempre que os diviso,
que a unirnos el ciego dios
os preciara más a vos
que a todo su paraíso.

Leonor   Pues ¿tus moros qué dirán
contra tu Alcorán blasfemo?

Ismael   ¿Qué moros, si a Alá no temo?
Vos sola sois mi Alcorán.

Leonor   ¿Cómo a pasar te atreviste
de esotra parte del Tejo?

Ismael   Por ver si todo su espejo
llamas de mi amor resiste;
   mas son mis incendios tales
que, después que le pasé,
mi contagio le pegué,
y en vez de correr cristales
   corre llamas, todo ardores;
llamas sus vecinas ramas,
sus peces son todos llamas,
llamas sus riscos y flores.

(Cáesele a Leonor un guante.)

Leonor   ¡Ay cielo! Cayóseme
un guante. Déjale, moro.

(Cógele Ismael.)

Ismael	¿Que le deje cuando adoro
	marfil de quien funda fue?
	Cifraré en él mis venturas,
	y ya que la mano no,
	el telllz que la cubrió,
	urna de cinco hermosuras,
	plantel de tanta mosqueta,
	ocaso de tanto Sol,
	nube de tanto arrebol,
	aljaba a tanta saeta,
	mi esperanza de él vestida
	será mi mayor tesoro.
Leonor	Déjale, bárbaro moro,
	que te ha de costar la vida.
	¡Ah del castillo, ah soldados!
Ismael	Dile a tu Vasco Cautiño
	que, mientras que con él ciño
	un alma toda cuidados,
	por ser del alba española,
	le procure restaurar,
	que mi lanza ha de adornar
	por divisa y banderola;
	que junto al Tejo, Ismael,
	rey de toda Extremadura
	le aguarda, que su ventura
	pruebe y que venga por él.
Leonor	No es digna suya esa empresa;
	yo te quitaré arrogante,
	con la torpe vida, el guante,

(Tocan alarma.)

que soy Leonor portuguesa.

(Vase. Sale Zulema, moro.)

Zulema   Defiende, rey invicto,
                 exaltación de lunas sarracenas,
                 tu corona y districto,
                 si mientras que conquistas las ajenas,
                 esparciendo tus copias,
                 no quieres esta vez perder las propias.
                 Alfonso Enríquez, conde lusitano,
                 infante de Castilla,
                 nieto de Alfonso sexto soberano,
                 hijo de Enrique, a quien postrada humilla
                 la cerviz arrogante
                 del otomano el célebre turbante,
                 el Tejo armado pasa
                 y con un escuadrón, si en suma breve,
                 inmenso en el valor, incendio abrasa
                 tus tierras, rayos ellos, ellas nieve;
                 y por que tu diadema le corone,
                 a Santarén se acerca y sitio pone.

Ismael   ¡Cobarde! ¿De eso muestras
                 el miedo infame que en tú pecho mides?
                 ¿Anuncias dichas nuestras
                 y albricias no me pides,
                 cuando si el Tejo por su daño pasa
                 la dicha de tal bien se me entra en casa?
                 ¿Nó reino en Badajoz? Extremadura,
                 ¿no es noble herencia mía?
                 ¿No tengo en lo mejor de Andalucía
                 cuanto entre valles, riscos y espesura

ciñe Sierra Morena
con más vasallos que su falda arena?
Cinco reyes con parias me tributan,
a camellos, el ámbar, oro y plata,
las bengalas, el nácar y escarlata
con que al gusano tejedor disfrutan
y entre aromas arabios
estiman en mis pies poner sus labios.
Cada cual de éstos tiene
cincuenta mil armígeros alarbes,
que si ese Alfonso viene,
los fosos, las murallas, los adarbes
cubrirán como a Ceres los manojos
de cimitarras y bonetes rojos.
Llegue ese mozo ciego;
la presunción se acerque lusitana,
que presto las orillas del Mondego,
reconociendo a las de Guadiana,
con el acero que monarca ciño,
al Tejo, juntarán el Duero y Miño.

(Vase. Toquen marcha, y sale el conde Alfonso Enríquez, don Egas, don
Gonzalo, don Pedro y soldados.)

Alfonso   Lusitanos invencibles,
                         luz del blasón portugués,
                         asombro un tiempo de Roma
                         y rayos de su laurel,
                         siempre la primera hazaña,
                         si llega a lograrse bien,
                         alienta con más valor
                         las que se siguen después.
                         Pasado habemos el Tejo;
                         al margen hermoso de él,

sobre una peña tajada
se blasona Santarén
inexpugnable al asalto.
Deleitoso, capitel
sirve a ese risco, diademas
donde el Sol asiente el pie.
Su fundación, que compite
con los tiempos, corto fue
de Avidis, que agricultor
heredó a Gargoris rey
la corona y las hazañas.
Gargoris heroico, aquel
construidor de los enjambres
repúblicas de la miel,
aquí alimentando a Avidis
con su néctar, merecer
pudo a Santarén el nombre
de Escalabis, esto es
lo que en latín esca abidis,
manjar de Abidis, si bien
le mudó la virgen mártir
Santa Inés, en Santarén.
Desde el infelice godo
hasta ahora lo posee
la blasfemia desbocada,
y en nombre suyo Ismael.
Descuidados tiene el ocio
sus bárbaros, y ya veis
que la presteza asegura
más victorias que el poder.
Escalémosla de noche,
por que cuando el Sol nos dé
entre celajes del alba
perfiles de rosicler,

tremolando en sus almenas
la cruz que a Jerusalén
restauró mi padre Enrique,
sus lunas postre a los pies.
Pocos somos, si al asalto
cuenta del número hacéis,
si del valor infinitos,
porque cada portugués
es un ejército, un campo,
un escuadrón, un tropel
que eminentemente cifra
más héroes que Apolo ve.
Pase del sueño a la muerte
tanto Holofernes cruel;
Judit es nuestra justicia,
su alfanje en mis manos veis.
Dadme esta villa, soldados,
y con César cantaré
desde hoy, veni, vidi, vici,
vine; vi y llegué a vencer.

Egas   No necesitas, gran conde,
                de alientos para encender
                pechos que ya son volcanes,
                valor que ya es Mongibel.

Giraldo   Morir o vencer juramos,
                o morir hoy o vencer.

Pedro   Del pavés sobre sus muros,
                o muertos sobre el pavés.

Alfonso   Éstas son sus torres altas;
                el escalador cordel

nos facilita el silencio.

Egas

¿Qué es escala o para qué?
Arrimándome a una pica,
talares llevo en los pies
para volar por sus muros,
no, huyendo para correr.

Alfonso

¡Oh, portugués Viriato!
¡Oh, escuadrón invicto y fiel!
Viva la cruz!

(Tocan alarma.)

Todos

¡Viva Alfonso!

Alfonso

¡Viva, decid, nuestra ley!

(Desnudan las espadas y éntranse, y dicen dentro, tocando a guerra.)

Moro 1

¡Aquí de la villa, Alarbes,
las murallas socorred,
que el cristiano nos la usurpa!

Moro 2

¡Que nos entra a Santarén!

(Entrando y saliendo, pelean moros y cristianos.)

Egas

¡Ah, perros! En vuestra sangre
pienso hoy apagar la sed
que ha tanto que me provoca.

Moro 1

Huye, Hamete.

(Tocan alarma.)

Moro 2   Huye, Muley.

(Salen dos moros dando de cuchilladas a Brito, que sale de soldado gracioso.)

Brito   Estése quedo, le digo.
                          ¿No hay son pegar y correr?
                          ¡Verá la tema en que han dado!
                          Yo, ¿qué le he hecho?

Moro 1   Vengaré,
                          cristiano vil, en tu vida
                          tantas muertes.

(Dale en el broquel.)

Brito   ¿Otra vez?
                          ¿Han vido y cómo sacude?

Moro 2   No ha de quedar portugués
                          que no destroce este brazo.

(Dale.)

Brito   Médico debe de ser;
                          compre mina y traiga guantes,
                          matará de cien en cien
                          con los botes de botica,
                          balas de pugín y hamet,
                          flechas de un récipe escrito,
                          pólvora en polvos de sen,
                          espátulas por espadas,
                          julepes de Locifer,

que yo, señor, no me purgo;
mas si purgo, acérquese,
que si el doctor cursos cuenta,
ya pasan en mí de diez.

Moro 1   Muere, perro, y no hables tanto.

(Dale.)

Brito   ¿Perro yo? Debe querer,
si me mata, dar conmigo
perro muerto a la mujer.
Quedo, ¿no ves que soy moro?

Moro 1   ¿Moro tú?

Brito   Pues ¿no lo ves?

Moro 2   ¿De Santarén?

Brito   Sí, señores,
moro soy de santi-amén.

Moro 1   Pues ¿por qué en cristiano traje?

Brito   Estuve al cabo una vez,
y prometíle a San Roque
o a su perro de traer
esta ropa un mes entero.

Moro 2   ¡Oh, blasfemo!

(Dale.)

Brito
                    Pues un mes
          el hábito no hace al monje.

(Salen don Egas y don Alfonso.)

Egas
          Gracias al cielo se den,
          que ya es Santarén cristiana;
          ya Sïón, si fue Babel.

Alfonso
          Ea, don Egas Muñiz,

(Vase el un moro.)

          ¡viva nuestra santa fe!

(Vase don Alfonso.)

Brito
          Señor don Agraz Muñoz,
          socórrame su mercé,
          que este moro da en pegarme
          sin por qué ni para qué.

Egas
          Pues ¿por qué tú no le matas?

Brito
          Nunca en el quinto pequé
          ni he aprendido a matar galgos,
          porque no son de comer.

Egas
          ¡Ah, cobarde!

Brito
                    ¿Qué quería?

Egas
          ¿Eso dice un portugés?

Brito	Péguelos en caperuza, quizaves me avezaré.
Egas	Pues mira, así has de matarlos.

(Dale al moro.)

Moro 1	¡Válgame Mahoma!

(Cae muerto dentro.)

Brito	Amén.
Egas	De este modo se pelea.
Brito	¿Y este murió?

(Tocan alarma.)

Egas	¿No lo ves?
Brito	Muerte ha sido sopitaña, no hiciera más a traer el alma el moro a la posta; pero, aguarde, y le daré al primero que topare, como a esotro, pan y nuez.

(Tocan alarma. Salen otros moros todos peleando.)

Moro 2	¡Yo venderé bien mi vida!
Brito	Pues yo vos la compraré.

(Dale Brito, y cae el moro dentro.)

Moro 2   ¡Ay, Alá!

Brito   Lo que hay allá,
                 perrengue, es resina y pez.

(Riéndose.)

                 Pardiez, que caen como moscas;
                 si sale otro volveré
                 a asegundar coscorrones.

Moro 3   La vida llevo a los pies.

Brito   Si vos libráis de mis manos.

(Dale y cae dentro.)

Moro 3   ¡Muerto soy!

Brito   ¡Zape! ¡Pardiez
                 que tras esta matación
                 las manos me he de comer!
                 ¿Que aquesto era matar moros?
                 De aprendice puedo ser
                 protomédico de galgos;
                 pués yo os juro, a non de diez,
                 que yo desemperre a España.

Todos   ¡Victoria!

Giraldo   Ciña el laurel
                 tus sienes, Alfonso invicto.

(Éntranse. Salen tres moros contra Brito.)

Moro 2   Rayo es este portugués.
                    Huir, moros, de su furia.

(Huyen.)

Brito   De mis manos no podréis,
                    porque estó engolosinado.

Moro 1   Uno es solo y somos tres;
                    pues la fuga nos impide,
                    ¡a él, amigos!

(Tocan alarma.)

Todos   ¡A él!

Brito   ¿A mí, alcurcuces, a mí?
                    Pues agora lo veréis.

(Mételos a cuchilladas y tocan al arma.)

                    Fin de la Jornada primera

Jornada segunda

(Salen don Egas Muñiz y don Gonzalo.)

Giraldo
>
> Nuestro conde infante es santo,
> porque no es inconveniente
> ser religioso y valiente.

Egas
>
> Séalo, pero no tanto
>   que le lleven a su coro
> los canónigos seglares
> y las armas militares,
> que son espanto del moro,
>   cubra la sobrepelliz
> cada noche en los maitines.

Giraldo
>
> Ansí consigue sus fines
> dichosos, Egas Muñiz.
>   La espada y la disciplina
> hacen una consonancia
> de milagrosa importancia.
> David era en Palestina
>   el más bélico monarca,
> y entre sus triunfos diversos
> cantaba salmos y versos
> danzando delante el arca.
>   La Efod que se vestía
> era lo mismo que ahora
> la sobrepelliz. No ignora,
> quien sabe su valentía
>   que él mismo, hablando con Dios,
> dice que se levantaba
> a media noche, y cantaba
> sus loores. Juzgad vos

si es bien, cuando este interés
nos postra rendido al moro,
que Alfonso en el campo y coro
sea David portugués.

Egas   Basta haberle edificado
al cielo tanto convento
para obligarle que atento
su vida ampare y estado.
    El célebre monasterio
de Santa Cruz de Coimbra,
cuando conquistó a Cecimbra,
y del africano imperio
    sacó a Elvas, al Francoso
Serpa, Corbele, Alanquer
y otros mil que en su poder
hacen su nombre famoso,
    fundó rico con las rentas
que a sus canónigos dio
cuando a Santarén cercó;
haciendo con su Dios cuentas,
    ofreció por su conquista
al santo de Claraval
para un monasterio real,
cuanto alcanzare la vista
    desde una cuesta eminente,
los campos y posesiones,
siendo sus ojos mojones
de esta fábrica excelente.
    Mil monjes ahora encierra
este edificio gallardo.
Obligado San Bernardo
a patrocinar su guerra
    y a alcanzarle sus victorias,

desde Francia, donde vive,
le comunica y escribe:
materia dé a las historias
   nuestro Alfonso con la espada,
y los monjes del Cistel
recen y canten por él;
allá María elevada,
   y Marta acá solicite
con las manos el acero.

(Sale don Alfonso Enríquez y trae puesto sobre las armas un roquete, y don Pedro.)

Alfonso   Egas Muñiz, lo primero,
porque amparo os facilite,
   es Dios, que lición nos da
de que su reino busquemos
y por él conseguiremos
lo demás, porque será
   desdoro de un rey, que esfuerza
con oraciones su celo,
conquistar primero el cielo
si el cielo parece fuerza.
   No se proporcionan mal
ni el tiempo se desperdicia
con la terrestre milicia
la milicia celestial,
   ni del valor portugués
será acción menos feliz
con Dios la sobrepelliz
que con el moro el arnés.
   Lo uno y otro al cielo agrada
alentando el corazón,
con Moisés en la oración.

y Josué con la espada,
    porque ésta sola promete
[...]
poca dicha. Éste es mi voto
y quitarme este roquete,
    que desde el coro dirige
el cielo mejor mi estado.

Egas

Yo hablé, en fin, como soldado,
sin saber lo que me dije:
    Pelead —¡cuerpo de Dios!—
y rezad también, Alfonso,
con la espada y un responso
huirá el morisco de vos.
    Comunicad serafines
entre monjes en el coro,
y acobardaráse el moro
mientras vos cantáis maitines,
    que yo desde ahora os juro
seguir siempre vuestro lado
engerto en fraile y soldado.

Alfonso

Y yo el premio os aseguro.
    Pero ¿qué es esto?

(Tocan un clarín y sale poco a poco Ismael sobre un alazán, con adarga
y lanza, y en el extremo de ella, en lugar de banderola, el guante de doña
Leonor.)

Pedro

    La vega
mide un moro airoso y fiero
sobre un alazán ligero.

Egas

Hacia nuestros muros llega.

48

Alfonso	¡Bizarro alarde!
Egas	¡Infelice! a lo menos, si me aguarda.
Alfonso	¡Presencia ostenta gallarda! Veamos lo que nos dice.
Ismael	Conde Alfonso lusitano, que del árbol borgoñón blasonas ser rama ilustre; pimpollo de aquella flor que pone Francia en sus armas, nieto de Alfonso, león que, conquistando a Toledo, se intitula emperador; a Santarén me ganaste, no de valor a valor, precediendo desafíos y partiendo el campo el Sol, sino hurtando a las tinieblas la enlutada confusión de noche, más que soldado, codicioso escalador. Préciate de la conquista que su descuido te dio, pues huye siempre las luces el pirata y salteador; que yo, no con los engaños del silencio oscuro, no cohechando al sueño perezas, tapando al bronce la voz, sino en la mitad del día,

solo, si es que solo estoy
cuando cuantos héroes viven
me llanian su comprehensión,
a vista de esos cobardes,
tímido y breve escuadrón
que de Ulises descendiente
sus ardides le heredó,
digo que asaltar murallas
de noche, sin prevención,
es infamia, es cobardía.
¡No es hazaña, no es valor!
Ismael, me tiembla el orbe;
rey me llama Badajoz,
su príncipe Extremadura;
la Vandalia su señor.
Solo domina en mi pecho
hermosa constelación,
una beldad portuguesa,
feliz, pues su esclavo soy;
doña Leonor es, Cautiño,
porque sola tal Leonor
por lo que de leona tiene,
amansara tal león.
Conde, suyo es este guante,
del muro se le cayó,
en mi fe de más estima
que de Asia la posesión.
El castillo de Palmela,
con las llamas de mi amor
conquisté, dando a su alcaide
honras por matarle yo.
Llevéme a Leonor conmigo
imperiosa su prisión,
pues, cautiva, la obedezco

pues me vence vencedor.
Yo he jurado a su hermosura,
si en vosotros hay valor,
por cada dedo del guante
un portugués, el mejor.
De esta prenda y de su dueño
será la restauración
el que a vencerme se obligue,
uno a uno o dos a dos.
Al extremo de esta lanza
sirve de airoso pendón.
Rescatadle, portugneses
que salvoconduto os doy
para los campos de Obrique,
donde Marte convocó
cinco ejércitos alarbes
de quien rey unico soy.
Doscientos mil africanos
enjambres inmensos son
que al Tejo el cristal agotan,
al valle y monte la flor.
Cobardes, alli os espera
Ismael, Marte español.
Parca que os hiela las vidas,
rayo que Arabia forjó,
segundo Alá, otro Mahoma
de Alcides competidor,
pestilencia del bautismo,
de su iglesia contagión,
cuchillo de portugueses,
Atila, azote de Dios
y Ismael, que vale más
que el cielo, que Alá, que el Sol.

(Vuelve a tocar el clarín. Vase Ismael.)

Egas   Frenético, espera, arguarda.

Alfonso   Dejad que al cielo Nebrot
                quimerice Babilonias,
                llorará su confusión.
                Las manos y no las lenguas,
                amigos, en la ocasión
                precisa consiguen triunfos
                y dan asiento al valor;
                de lengua es forma la espada,
                vocinglero el vil temor;
                espere en su muchedumbre
                que yo solo espero en Dios.
                Trece mil soldados tengo,
                cada cual un Cipión,
                un portugués Viriato
                un Hércules vengador;
                doscientos mil los infieles
                —inumerosa ostentación!—
                ceros que por sí con nada,
                mosquitos de Faraón.
                Lusitanos, ¡alto, a Obrique!
                Que cuanto fuese mayor
                la suma de los contrarios
                tanta más ganancia os doy
                de su despojo y riquezas.
                La cruz es nuestro blasón,
                armas que dio a Portugal
                mi excelso progenitor;
                con su señal Constantino
                los tiranos debeló;
                su mesmo celo me guía,

yo conde, él emperador;
la victoria tenéis cierta.

Giraldo

¡Oh, gloria de tu nación!
Al arma, gue la fortuna
de César llevamos hoy.

(Tocan alarma. Vanse, si no es don Egas.)

Egas

¿Cautiva mi Leonor? ¡Cielos!
¿Presa la beldad que adoro,
usurpador suyo un moro,
y ya africanos mis celos?
Eso no, mientras yo viva,
que es oprobio portugués.
Yo haré que postre a los pies
de mi adorada cautiva
la alarbe y torpe cerviz
el sacrílego arrogante.
Yo haré finezas de amante
y hazañas de Egas Muñiz.
Salvoconducto me da,
mas quien torpe desatina
sin guardar la ley divina
mal la humana guardará;
juntemos la industria, pues,
al valor para librarla;
hoy tengo de restaurarla,
o no seré portugués.
El artificlo me ofrece
un discreto estratagema.

(Sale Brito.)

Brito	Estése el perro en su tema;
	que yo me estaré en mis trece.
	Yo le juro a non de tal
	que si el guante le quitó
	el galguicuzcuz, que yo
	desagravie a Portugal.
Egas	¿Qué es eso, Brito?
Brito	Sentir
	que un morillo desafíe
	a nueso conde, y que críe
	humos, que le han de salir
	en el alma, si yo puedo.
Egas	¿Viste al bárbaro Ismael?
Brito	Vi que en su lanza la piel
	o el guante, por cada dedo
	a su fembra ha prometido
	una cholla portuguesa,
	y ¡voto al Sol que me pesa
	que se nos haya escorrido!
	¿Cinco cabezas barbadas?
	Pues, con ellas, ¿qué ha de her
	la Leonor? Debe querer
	madurarla a cabezadas.
	Yo quedé tan golosmero
	después que a lidiar aprendí
	por vos, que no estaré en mí
	hasta her un matadero,
	do por arseldes se pese
	carne mora.

Egas	¡Desatino!
Brito	Mas huyendo del tocino Barrabás que la comiese.
Egas	¡Atreveráste tú a hacer conmigo una honrosa empresa?
Brito	Si es la Leonor portuguesa y bondara ser mujer; ¿qué aguardamos vos y yo que no la descautivamos?
Egas	¡Oh, Brito animoso! Vamos.
Brito	Desque el conde se quitó, al encontrarle en la sierra sin cochillo, ni ganzúa, lo que llamáis guante o lúa, piel en paz, malla en la guerra, cuidando yo que la mano entonces se desollaba, mal con los guantes estaba; mas agora que este alano Ismarrel tanto le estima que mos desafía por él, desollándole la piel que trae el mastín encima, la he de convertir en guantes.
Egas	Arábigo sé escribir y en hábito hemos de ir de moros.

Brito	Haya turbantes,
	almalafas, alquiceles,
	y déjame a mí con él.

Egas	¿Te atreverás a Ismael?

Brito	Y a una recua de Ismarreles.

Egas	Pues sígueme, que si engañas
	su atención, en mis venturas
	probarás que sin locuras
	nunca el amor logró hazañas.
	De moro te vestiré.

Brito	Con tal que haya sopa en vino,
	porque sin él y tocino
	desde aquí desmórome.

(Vanse los dos. Sale doña Leonor llorando, e Ismael saca el guante de doña Leonor.)

Ismael	Tu conde me vio en su vega
	hacer de esta prenda alarde,
	y a su ejército cobarde,
	no solo el combate niega,
	mas, multiplicando miedos,
	las caras descoloridas
	tiemblan de ver que sus vidas.
	tu guante les mida a dedos.
	Si estas finezas merecen
	en tu cielo algún agrado,
	serenándose el nublado
	que sus rayos entristecen,
	alcance yo sin enojos,

sin desdenes, sin agravios,
una razón de tus labios,
un resplandor de tus ojos.
　　Y advierte, Leonora mía,
que si con rigor pretendes
helar mi fuego, le enciendes
con más rebelde porfía.
　　Finge de burlas favores,
podrá ser que de esta suerte
más tibio llegue a quererte
que duplicando rigores,
　　porque en la amorosa escuela,
la que por sus cursos pasa,
con hielos dicen que abrasa,
con llamas dicen que hiela.

Leonor　　　　　¿Posible es, torpe homicida,
que tu ciego frenesí
ose a amar a quien por ti
llora a su padre sin vida?
　　Dame sepulcro con él;
rasga, tirano, este pecho
y habrás a mis ruegos hecho
una finesa crüel,
　　una piedad rigurosa,
y si mis súplicas sigues,
una acción con que me obligues
en la otra vida.

Ismael　　　　　¡Qué hermosa!
　　La aurora de tu semblante
vierte perlas. Si enloqueces
cuando llorando amaneces
cada aljófar un diamante,

¿qué hicieras perdido el ceño
con que eclipsas su arrebol
amaneciéndome el Sol
en dos orientes risueños?
　　Tu padre murió a mis manos,
mas sírvate de consuelo
que he de conquistar el cielo
vencidos los lusitanos.
　　Mi valor a cargo toma,
si su pavimento piso,
que goce a Alá en su paraíso
a la diestra de Mahoma;
　　yo haré que con él dispense
el haber cristiano sido.

(Salen de moros don Egas, y Brito a lo gracioso.)

Brito
　　　　　Héteme aquí convertido
　　　　　en morabito de Orense,
　　　　　　engerto un gallego en moro.

Egas
　　　　　Ya sabes lo que has de hacer;
　　　　　no te turbes.

Brito
　　　　　　　　　La mujer
　　　　　que buscas es como un oro;
　　　　　　con el mastín perrenquea.

Egas
　　　　　A buena ocasión llegamos;
　　　　　si mis ardides logramos.

Brito
　　　　　Ojalá orégano sea.

Ismael
　　　　　　¿Quién, sin avisar primero,

se atreve a entrar donde estoy?

Brito   Señor, estafeta soy
morisca, mas no arriero,
   ni en toda mi casta le hubo,
ni quiera Dios, cuando venga
con cartas, que oflcio tenga
que el señor don Mahoma tuvo.

Ismael   ¿Cartas traes? Dime de quién.

Egas (Aparte.)   (Este necio lo ha de echar
a perder; quiero llegar.)

(Llégase a él.)

El rey de Murcia y Jaén
   y el de Córdoba te escriben.

Brito   Sí, señor; juntos están
con el rey de Cordobán
murciélagos, porque viven
   de comer uvas jaenes,
y son tres reyes de bien
el murciélago, el Jaén
y el cordobán.

Ismael   ¡Loco vienes!

Egas   Hase, gran señor, turbado
y gasta siempre este humor.

Brito   Humor gasto; sí, señor;
de una huente que han mandado

que en aqueste brazo me abra;
gracias a santa Locía,
que casi casi no veía
por un hartazgo de cabra
   que éste y yo nos dimos solos,
y aun es dicha si lo alcanzo,
métome, en vez de garbanzo
toda una bola de bolos,
   y en lugar de hoja de hiedra
traigo una resma de estraza,
con que, aunque algo me embaraza,
puedo tirar una piedra,
   y her que la salud asista
en los ojos, aunque creyo
que cuando a su merced veyo,
tengo muy bellaca vista.

(Aparte a Brito.)

Egas   Necio, mira lo que dices.

Ismael   ¡Salada es vuestra razón!

Brito   Tengo la sal de un jamón,
                  y cómolos con perdices.

Ismael   ¿Las cartas?

Brito   Helas aquí.

(Dáselas.)

Ismael   ¡Donoso talle mostráis!

60

Brito	Sí, señor
Ismael	¿Cómo os llamáis?
Brito	El moro Zaquizamí.
Ismael	¿Tan alto?
Brito	En caramanchones empleo todo mi trato, y vuelto de perro en gato ando a caza de ratones. Lea vuestra morería para que me vuelva luego.
Ismael	¿No esperaréis que a este pliego. responda?
Brito	Sí, morería.
Ismael	¿Es Córdoba gran ciudad?
Brito	Sí morería.
Ismael	Y su rey, ¿no se llama Alí Muley?
Brito	Sí, morería.
Ismael	Esperad.

(Leyendo para sí.)

¿Qué tiene, que está en la cama

	conforme me avisa aquí?
Brito	Sí, morería.
Ismael	Decí, ¿qué mal tiene?
Brito	Se derrama todo en mantas y en colchones.
Egas (Aparte.)	(¿Hay disparate como éste?)
Brito	Y diz que es ramo de peste la sarna con sabañones, y el reye se rasca mucho.
Ismael (Aparte.)	(Éste debe de ser loco.)
Egas (Aparte a Brito.)	Necio, vete poco a poco. en hablar.
Brito	Yo no estoy ducho en esto de enfermedades; su morería perdone.
Egas (Aparte.)	(Como Brito me ocasione mientras teje necedades a que hable a mi Leonor, que aún no me ha echado de ver, comenzaré a disponer los ardides de mi amor.
(Aparte a Brito.)	Entreténmele, y advierte que en el ínterin hablamos

mi Leonor y yo.

Brito   A eso vamos.

(Abre el moro Ismael otra carta.)

Ismael   Dice Muley de esta suerte,
(Lee.)   «El compañero del que ésta lleva es
el moro más sabio en las ciencias de
astrología, magia y futuros contingentes
que conoce Egipto; envíosele a vuestra
alteza para que, sirviéndose de sus
habilidades, venza con ellas lo que dudo
de sus armas, porque el conde de Portugal
tiene de su parte el valor de sus
antecesores y la fortuna de los hados.
Guarde Alá a vuestra alteza, etc.
Muley, Rey de Córdoba.»
   ¡Válgame Mahoma!

Brito   Y lleve
por siempre jamás amén.

(Mirando el, moro Ismael muy atento a don Egas.)

Ismael   Ven acá.

Brito   Obedezco al ven.

Ismael   Habla veras.

Brito   Pues sea breve,
porque en hablando en joicio,
luego me da torozón.

(Hablan en secreto Leonor y don Egas.)

Ismael   ¿Quién es éste?

Brito   Es un varón
                milagro del reino egipcio:
                    No sabe tanto el diMúño;
                cuantos diabros el infierno
                ahucha en su huego eterno
                todos los tiene en el puño.

Ismael   ¿Qué dices?

Brito   Que si le pruebas,
                tien tales encantaciones
                que hará llover naterones,
                albaricoques y brevas.

Ismael   Si él me supiera ablandar
                el rigor de una mujer
                que me obliga a enloquecer,
                yo le llegara a adorar.

Brito   Si de sus artes se fía,
                déla por blanda. ¿Es aquélla?

Ismael   La mIsma.

Brito   Ya habla con ella,
                porque sus cuitas sabía;
                    verá cuál se la madura.

(Hablan don Egas y doña Leonor aparte.)

Leonor	¡Ay, mi don Egas Muñiz! moriré más infeliz si inventas esa locura; no arriesgues vida, que estimo lo que mi temor recela.
Brito	¿No ve cómo se le enmiela?
Egas	Leonor, en balde reprimo la paciencia ni el acero. Yo he de sacarte de aquí.
Ismael	¡Vive Alá! ¡Que conseguí toda la dicha que espero! Tan domesticada está con él como si los dos fueran hermanos.
Brito	¡Par Dios! por no decir por Alá, que obrigue a una peña fría a que eche llamas, señor.
Ismael	¿Que hará que me tenga amor Leonor?
Brito	Sí, morería.
Ismael	Toma este anillo y cadena.
(Dáselos.)	
Brito	Sí, morería, sí tomo.

65

¿Es el engaste de promo,
que pesa más que ell arena?

Egas   Esto tenemos trazado

Leonor   ¡Qué buena suerte la mía!

Ismael   ¿Riyóse?

Brito   Sí, morería;
los colmillos ha mostrado.

Egas   Disimula con el moro
hasta que te libre de él.

(Esto lo dice recio.)

Leonor   Merece mucho Ismael.

Ismael   ¿Qué dijo?

Brito   Que es como un oro
su merced en la gallardía.

Ismael   Que mucho Ismael merece
le escuché.

Brito   Ansí me parece.

Ismael   ¡Gran suerte!

Brito   Sí, morería.

Ismael   ¡Qué apacible y que en sazón

habla, pregunta y propone!

Brito   Él verá que se la pone
               más tierna que un requesón.

Egas   ¿Oyes lo que al moro pasa
               con aquel loco?

Leonor   Donoso
               e igualmente provechoso.

Egas   De placer es esta casa,
                  en lo despoblado está.
               Para que te saque de ella
               fíngele amor, Leonor bella.

(Llégase Leonor al rey Ismael muy afable.)

Leonor   ¡Mi rey!

Ismael   ¡Soberano Alá,
                  que a oír tal he merecido
               al Sol que el alma ofrecí!

Brito   ¿Mi «re» dijo? Hétele el «mí».
               soberano Alá te he oído.
                  Hétele también el «la».
               «Sol» la llamaste después.
               Hétele a amor portugués
               con su «re, mi, fa, Sol, la».

Egas   Señor, yo que por mis ciencias
               de tu amorosa fatiga,
               supe el incendio que obliga

            a apacibles impaciencias,
          vine a servirte de modo
        que ya es tuya Leonor bella;
        pero si a solas con ella
        nos dejas, para que en todo
          se te rinda este diamante,
        tu esperanza lograrás,
        en especial si me das
        por sola una hora su guante,
          que impide por él el hado
        lo que el arte facilita,
        porque sus efectos quita
        cualquier favor violentado.

Ismael   Toma el guante, el alma toma.

(Dásele.)

Brito (Aparte.)   (Tened, el perm, por cierto
                  que vos damos perro muerto.)

Ismael   Tú serías mi Mahoma,
                    mi Alá, si me consintiese
                  que una mano la besase.

Egas   Hasta que el término pase,
                  no es posible.

Brito   En seco bese,
                    chero decir, desde ahí,
                  que según unum modernum,
                  non besabis in aerternum.

Ismael   No lo entiendo.

Brito	Hablan ansí nigromantes motilones.
Ismael	Luego ¿tú nigromancía estudias?

Brito	Sí, morería.
	Mire, do hay pares hay nones,
	   chero decir, que preñada
	una mujer, o se muere
	o habrá pares; si pariere,
	y habrá nones que es nonada
	   para vuesa morería,
	como no tempre pesáres
	aguardándose dos pares
	de horas, hasta el mediodía,
	   que es cuando cesan los nones,
	y toca a nona el donado;
	mas habiendo los dos dado,
	que en todos los ésquilones
	   cuando dan dos dan un par,
	cesan entonces azares,
	porque, en fin, los dos pares,
	si no llegan a parar,
	   ¿cómo tienen de parir
	el efecto del planeta,
	ni comprirse la receta
	de su amor? ¿Chérelo oír?
	   Pues venga a her. Esta mujer,
	¿no es nones? Sí, porque es una,
	y con pares no hay ninguna
	hasta que llega a parir;
	   él, aqueste moro y yo

somos tres, no somos nones;
en esto no hay opiniones,
pues si el nones engendró
   la nonada, oiga estos puntos,
hasta que lleguen a estar
hombre y mujer hendo un par,
y no todos cuatro juntos,
   si no le ama sí se queje;
pero vuélvase después
que nones quedamos tres,
y como a los tres mos deje,
   después de la nona dada,
si vuelve a sus aficiones
ya se habrán ido los nones
y parará el par en nada.
   Esto enseña la escretura,
que entre sus negros Macías
mordió el gigante Golías,
Galeno y Nuño Rasura.

Ismael
   Los principios de una ciencia
son oscuros de saber;
no te he podido entender.

Egas
Pues, señor, es evidencia
   todo cuanto te ha explicado,
mas como son rudimentos,
de nuestros encantamentos,
está su estilo intrincado.
   Vuelve aquí dentro un hora,
lograréis gustos los dos.

Leonor
Querido Ismael, adiós.

Ismael	Adiós. ¿Volveráste mora?
Brito	Conforme huere el moral.
Ismael	Adiós, luz de mi esperanza.

(Vase Ismael.)

Brito	Si mora dice tardanza, vendrá a ser mora, y qué tal.
Egas	A caballo.
Brito	No hay si dos...
Egas	Vendrá en mi gropa; yo Jove, Leonor mi Europa.
Brito	Pues galguimorisco, adiós.

(Vanse. Suben desde el tablado a caballo los tres, ella a las ancas del de don Egas y salen a las voces del moro Ismael y otros, y puédalos seguir a caballo y escaramuzar. Habla Brito adentro.)

Brito	Aprisa, que mos espía un perro, y temo que lluevan virotazos.
Ismael	¡Que nos llevan a Leonor!
Brito	Sí, morería.
Ismael	Seguidlos, vasallos míos;

volad, cual vuelan mis celos.
¿Sufriréis, ingratos cielos,
tal burla?

Brito Sí, moreríos.

Ismael Corred, que queda abrasada
el alma entre mis pasiones.

Brito Acá corremos los nones,
y allá vos cupo nonada.

Ismael ¡Tocad al arma, africanos!
(Tocan al arma.) ¡Mis ejércitos juntad!
¡Por Alá eterna deidad
que he de hacer en los cristianos
tal destrozo, que no quede
memoria de su bautismo.
De incendios soy un abismo,
sufrirme el mundo no puede;
abrase la llama mía
cuanto el Sol con rayos doma.

Brito Perrazos, ¡cola Mahoma!

Ismael ¿Hay más mal?

Brito ¡Sí, morería!

Fin de la segunda jornada

72

Jornada tercera

(Salen marchando don Alfonso Enríquez, don Egas, don Gonzalo, don Pedro y los más cristíanos que pudiesen.)

Alfonso
No marchen más, hagan alto.

Todos
Hagan alto.

Alfonso
    Aquéstos son
los campos que mi nación
llama de Obrique. En el alto
    cerro que mi gente agora
ciñe, y el Sol siempre adula,
cuya cumbre se intitula
«Cabezas del Rey», mejora
    de sitio nuestro pequeño
ejército. Trece mil
somos no más contra el vil
ismaelita. Ya mi empeño,
    portugueses valerosos,
de suerte adelante está,
que el retirarnos será
descrédito. En tan forzosos
    lances, contra tanta suma
de infieles como nos cerca,
tal vez el ánimo merca
dichas que jamás consuma
    el tiempo. Vuestro consejo,
con todo eso necesito,
vuestro valor solicito;
cada cual es un espejo
    de la fe que defendemos,
de la fama que intentamos.

Los capitanes estamos
juntos aquí; consultemos
    lo que en tan preciso caso
cada uno siente y desea;
pero con tal que no sea
dar atrás un solo paso.

Giraldo   Gran señor, temeridades
que traen consigo imposibles
causan desastres terribles
y anuncian adversidades.
    Cinco ejércitos están
a nuestra vista de infieles;
contra tantos, ¿qué laureles
trece mil conseguirán?
    De doscientos y cincuenta
mil moros consta el blasfemo
campo, que de extremo a extremo
sumas que agotan su cuenta,
    cubren valles y collados,
como nosotros nacidos
en nuestra España, escogidos
y en guerra experimentados,
    veinte mil moros le toca
a cada cual portugués,
que aunque de manos y pies
se la ataran, a la poca
    gente que la cruz ampara
de tus leales vasallos,
solo para degollallos
tiempo y manos nos faltara.
    Extiende, señor; los ojos
por los campos, verás olas
moriscas más que amapolas

llenos de bonetes rojos;
   tentar a Dios no es cordura;
acometer, perdición;
morir, desesperación;
buscar milagros, locura.
   Todo tu ejército pierde
el ánimo, y no me espanto,
porque entre bárbaro tanto,
que agosta su sitio verde,
   cuando cada moro arroje
solo una flecha no más,
¿cómo resistir podrás
doscientas mil? No te enojes,
   pues pides mi parecer,
que mi lealtad te aconseje
que aquesta empresa se deje,
pues a veces suele ser
   más valor el retirarse
que alcanzar mucha victoria.

Alfonso	Diga Muñiz.

Egas	Si es notoria

la pérdida, el despeñarse,
   gran señor, no es valentía;
aguardemos que se ausente
el Sol, y entonces tu gente,
sin manifestarla él día,
   podrá entrarse en Santarén,
que si el moro la cercare,
lo que su sitio durare,
como avisados estén
   el de Castilla y León
con el navarro, no hay duda

que vengan en nuestra ayuda
sin que falte el de Aragón;
   y entonces a la campaña
podrás seguro salir,
y victorioso lucir
la restauración de España.
   Demos al tiempo lugar,
si admites mi parecer,
que el dilatar no es temer,
prudencia, sí, el conservar.

Pedro   Esto tu ejército pide,
                  esto tu gente responde.

Unos   Retirar, excelso conde.

Otros   Retirar.

Alfonso   Cuando se mide
                     con recelos aparentes
                  lo que el temor dificulta,
                  rara vez de la consulta
                  salen acciones valientes.
                     Algo habemos de dejar
                  a la Fortuna, soldados;
                  mas ya estáis determinados
                  al huir o al retirar,
                     déjenme solo en mi tienda,
                  que otra consulta me falta
                  más útil, cuanto más alta.
                  Cuando sus horrores tienda
                     la nocturna oscuridad
                  a juntaros volveré,
                  y entonces abrazaré

lo que vuestra voluntad
resolviere.

Egas   Gran señor,
Santarén es una villa
inexpugnable.

Alfonso   Esa silla
me acercad.

Pedro   Tiempo mejor
el cielo te ofrecerá.

(Asiéntase Alfonso.)

Alfonso   Dadme esa Biblia y dejadme
A solas. Egas, cerradme
la tienda.

Egas   Cerrada está.

(Vanse, dejando solo al conde Alfonso, asentado con la Biblia en las manos.)

Alfonso   A aconsejarse con vos
mi fe, libro santo, viene,
pues cuanto en vos se contiene
te escribió el dedo de Dios.
Consultémonos los dos,
que por la parte que abriere,
lo que primero leyere
eso tengo de seguir,
que vos no sabéis mentir
ni errará quien os creyese,

(Ábrela y lee.)

«Hi in curribus et hi in equis:
autem in nomine Domini Dei nostri
invocabimus.»
    ¡Qué pronóstico, aunque breve,
tan propicio a mi valor.
Aliéntame el rey cantor
en el salmo diez y nueve;
dice que el alarbe aleve
y los que nos desafían,
en las máquinas se fían
de sus carros y caballos,
y en multitud de vasallos
que contra el bautismo envían;
    mas porque ningún siniestro
riesgo nuestra dicha asombre
invocaremos el nombre
del grande Señor, Dios'nuestro.
¡Oh profeta, rey, maestro
de la milicia mayor,
vos nos quitáis el temor,
nuestras medras confiamos,
en el nombre que invocamos
de nuestro Dios y Señor.

(Lee.)

«Ipsi obligati sunt et ceciderunt:
nos autem surreximus et erecti sumus.»
    Prosigue el profeta santo:
«Ellos nos acometieron,
pero postrados cayeron
entre el horror y el espanto;
nosotros, que a nombre tanto
como el de Dios aplaudimos,
restaurándonos vencimos,
sus escuadrones postramos,

triunfantes nos levantamos,
y blasfemos oprimimos».

(Lee.)   «Domine salvum fae regem: exaudi
nos in die, qua invocaverimus te.»
   Remata el salmo pidiendo
que libre al rey que le invoca,
que el corazón en la boca
el alma le está ofreciendo.
Yo de esta suerte lo entiendo,
que le dé audiencia en el día
que invocándole se fía,
no en las armas, que es en vano,
en el nombre soberano
de Jesús y de María;
   que al rey conserve seguro
pide el huésped de Sión.
No soy rey yo, ni blasón
tan arrogante procuro,
conde sí, defensa y muro
de Portugal, Dios su dueño,
que de tan preciso empeño
tiene de sacarme airoso.
¡Oh, cansancio fastidioso,
venció mi sentido el sueño!

(Duérmese. Tocan al arma y dicen dentro los versos siguientes y sale después Geraldo con el traje que en la cueva, y se levanta don Alfonso medio despierto sacando la espada, y detiénele Giraldo.)

Uno   ¡Al arma, invencible Alfonso!
Que el ejército morisco
asalta nuestras trincheras.

Todos	¡Al arma!
Alfonso	Nombre benigno, nombre de Jesús glorioso, aceite en tierra vertido por la ingratitud hebrea, siendo la cruz vuestro olivo, favoreced nuestro celo.
Giraldo	Detente, joven invicto, sosiega el pecho y repara si acaso otra vez me has visto.
Alfonso	¡Óh, senectud milagrosa! ¿No eres tú el que entre los riscos andando yo derrotado, tesoro te hallé escondido; el que, con sabios consejos, con celestiales avisos, mis pasiones refrenaste despertando mis sentidos; el que, cual perla en la concha, en el peñascoso hospicio, alma de su oscuro centro, cerrándote en sus retiros me advertiste ser en vano buscarte hasta que el peligro mayor ocasión te diese de volver a verme?
Giraldo	El mismo, el propio soy, claro Alfonso. Giraldo fue mi apellido, en la milicia estimado

y en los yermos reducido.
No temas la multitud
de bárbaros, si, infinitos,
tú Alcides, ellos pigmeos,
te asaltaren fementidos.
A Senaquerib mató
el celestial paraninfo
ciento ochenta y cinco mil
blasfemos, como él asirios.
Trecientos solos hebreos
con Gedeón su caudillo,
destrozaron de Madián
los innumerables hijos;
la mandíbula, en la mano
del nazareno prodigio,
dio muerte a mil filisteos.
Dios, Alfonso, te es propicio;
cuando oigas dentro tu tienda
el favorable sonido
de una campanilla sacra,
sal al espacioso sitio
de ese campo, alza los ojos,
que cuando los tengas fijos
en esos globos de estrellas
que, engastadas en zafiros,
rosas del jardín celeste
le sirven al Sol de anillos,
verás lo que a la experiencia
y a tus venturas remito.
No se atreve mi silencio
a más que esto, que no es digno
lenguaje mortal y humano
a explicar lo que es divino.
Alienta —¡oh gran portugués!—

el pecho, pues te ha escogido
la Omnipotencia monarca
para que, en futuros siglos,
por casi cien lustros tengan
sus sucesores invictos
el portugués solio regio,
ellos ramas, tú el principio.
Ya tiemblan de sus espadas
la Etiopía, junto al Nilo;
en Arabia el mar Bermejo;
en Asia, el Ganges y el Indo.
Reinará tu descendencia
hasta parar en Filipo,
segundo en los castellanos
y en el portugués dominio
primero, el sabio, el prudente,
y tras él, el santo, el pío,
tercero en los de este nombre,
heredando su apellido,
con dos mundos a sus plantas,
el cuarto, el grande, el temido.
Esto te promete el cielo,
esto en su nombre te digo;
¿quién se atreverá a tus armas,
si Dios es tu patrocinio?

(Vase.)

Alfonso   Profético viejo, espera;
alienten tus vaticinios
pechos que, aunque belicosos,
temen tan arduo conflicto.
¡Oh nombre siempre inefable!
¡Oh grano eterno de trigo

que en Belén, casa de pan,
de la espiga virgen quiso
nacer, para que muriendo
en heredad del bautismo,
produjese mieses tantas
como la fe ampara hijos!
Pan que maná en el desierto
tierno, sabroso y melifluo,
fortaleció cuarenta años
el pueblo fiel contra Egipto.
Pan que contra Jezabeles,
viático en el camino
de Oreb, alienta al profeta
celador y palestino,
Pan panal, que, león primero,
cordero ya puro y limpio
de la boca formidable
para Sansón almena hizo;
pan que asegura victorias,
a Abraham contra los cinco
reyes infieles, que a Lot
osaron llevar cautivo,
en vos solamente espero,
en vuestro nombre confío,
en virtud vuestra me aliento,
yo en vos y vos conmigo.

(Tocan dentro chirimías y una campanilla.)

¡Ay. cielo! Ésta es la señal
que el venerable me dijo.
Salgo temblánddme el alma
al campo, aplazado sitio.
¡Qué densas oscuridades

al cielo entristecen viudos
del Sol, su esposo, que a medias
parte con él luz y giros!
Pero, válgame su amparo;
un rayo cuanto benigno
luciente, sirve de Apolo
a sus cóncavos recintos,
cabellos de Ofir y Arabia
peine en el aire dormido
y entre el ocioso silencio
regocijan sus bullicios.

(Suena música y sobre un trono muy curioso baje un niño, que haga a Cristo crucificado, con la decencia que está advertida.)

Alfonso   Ya se añaden esplendores
                 que en su oriente cristalino
                 perfilan nubes, espejos
                 cada cual un Sol de vidrio
                 sobre un querúbico trono
                 escabel de sus vestigios,
                 ángeles son pedestales
                 de un piadoso crucifijo.

(La capilla cante Christus regnat, y ténganse de rodillas.)

                 Postraos, alma; postraos, cuerpo;
                 ojos de este objeto indignos,
                 reverenciadle humillados,
                 que yo con la fe le miro.

Cristo   Alfonso Enríquez, no temas
                 pelea, yo estóy contigo.
                 Si a los infieles asaltas,

                    vencerás en nombre mío.

Alfonso   ¡Oh, serpiente misteriosa
                     de aquel metal peregrino,
                     humano; por mis pecados
                     si por vuestro ser divino,
                     que en el desierto de un monte
                     os colocan los heridos
                     del áspid que venenoso
                     irritaron vuestros vicios!
                     ¡Oh Juez, ya todo clemencia,
                     que para perpetuo olvido
                     de las locuras humanas,
                     aunque al mundo habéis venido
                     a residenciar culpados,
                     sois de suerte compasivo
                     que os echáis a las espaldas
                     la vara de los castigos!
                     ¡Oh pan que levanta el bieldo
                     de la cruz en fe que limpio
                     dice la vil sinagoga
                     mitamus in panem lignum.
                     ¡Oh fruto de promisión!
                     Pues en vos goza el racimo
                     de la vid de ese madero,
                     la iglesia, Moisés su tipo,
                     exprímaos la cruz lagar,
                     amáseos la cruz, mi Cristo,
                     porque en la mesa os gocemos
                     juntamente pan y vino.

(Los ojos en tierra.)

                     Mas no, mi Dios; no, mi amante;

no, mi bien, no necesito
veros con ojos corpóreos
mientras en la tierra vivo;
dejad que mi fe os merezca
deseándoos mis suspiros,
creyéndoos con mis afectos,
no viéndóos mis ojos tibios;
a vuestro glorioso trono
estas venturas remito,
aquí, mi Dios, se merezca
que allá os gozaré infinito.

Cristo   Alfonso, alabo tu celo,
agradezco tus servicios,
tus afectos me enamoran,
finezas tuyas estimo;
no disminuyo tu fe,
que el haberte aparecido
en la cruz corporalmente
es por que, habiéndome visto,
te fervorice mi amor
[...]
tú y tu gente, y animosa
postréis a mis enemigos.
Buscáronte tus vasallos,
si con temor al principio,
ya por mi de esfuerzo llenos,
porque en sus pechos asisto;
su rey han de coronarte
de Portugal; mis auxilios
son impulsos de esta acción,
no procures resistirlos.
Las armas que a Lusitania
otorga mi amor propicio,

en cinco escudos celestes
han de ser mis llagas cinco;
en forma de cruz se pongan,
y con ellas, en distinto
campo, los treinta dineros
con que el pueblo fementido
me compró al avaro ingrato,
que después, en otro siglo,
tu escudo con el Algarbe
se orlará con sus castillos.

(Desclava la mano diestra y dale la bandera con las armas que ha de traer uno de los ángeles.)

Yo te las doy de mi mano,
yo con mi sangre te animo,
yo tu estandarte enarbolo,
yo victorioso te afirmo.
¡Alfonso, al arma! Debela
a un tiempo alarbes y vicios.
Reinarás en Lusitania,
y eterno después conmigo.

(Música, y desaparece.)

Alfonso   Mi Dios, ¿esperanzas tales?
Tal favor, tales cariños,
¿qué no engendrarán de alientos,
qué valor no, qué no bríos?
¿Quién por otro gusto os deja?
¿Quién al amoroso silbo
de tal pastor, tal amante
no pone al mundo en olvido?

(De dentro.)

Todos   ¡Arma!

Alfonso   Ya apellidan mis soldados
el combate.

Egas   ¡Alfonso invicto,
al arma, al acometer!

Giraldo   ¡Muera el bárbaro morisco!

(Salen don Gonzalo, don Pedro, don Egas, y todos los portugueses que pudiesen.)

Pedro   Gran señor, toda tu gente
pide la batalla a gritos.
Cada cual es un león,
si hasta aquí cordero ha sido;
no los dejes entibiar.

Alfonso   Hoy del Apóstol divino,
heroico patrón de España,
de nuestro Redentor primo,
es el día venturoso;
su nacimiento, festivo
celebra la fe y la Iglesia
lo mesmo es que su martirio.
Tantas dichas y favores
en un día a un tiempo mismo,
¿qué victorias no prometen?
Aqueste estandarte, amigos,
estas armas consagradas,
que de los granates ricos

de la redención del hombre
púrpura eterna ha teñido,
bajá a honrar nuestra corona
desde el, alcázar impíreo;
seis ángeles las pintaron,
mi Dios su artífice ha sido.
Venérenlas por más noble,
de hoy más los franceses lirios,
las barras aragonesas,
los leones y castillos.
Eternizarlas promete
por años, lustros y siglos,
la omnipotencia del cielo;
quien nos las dio fue Dios mismo.

Egas   Pues si Dios a Portugal
con armas ha enriquecido,
rey se sigue que tengamos,
rey en su nombre pedimos.

(Trompetas.)

Unos   ¡Viva Alfonso, rey primero!

Otros   ¡Viva Alfonso, rey invicto!

(Música y sube don Gonzalo en un pavés, y levántanle en alto.)

Giraldo   Portugueses, levantadle
sobre ese pavés conmigo.

Todos   ¡Portugal por don Alfonso!

Alfonso   Ni repugno, ni resisto

porque sé que Dios lo ordena,
puesto que yo no sea digno.
Portugueses valerosos,
alentaos, apercibíos
para cuando nazca el Sol
en brazos del alba niño
a envidiar vuestras hazañas.

Todos   ¡Viva Alfonso esclarecido!

Alfonso   Mi Dios, mi crucificado,
¿qué más vivir que serviros?

(Vanse. Sale Brito de moro gracioso.)

Brito   Hambriento de carne mora,
el día que no la mato
o de engañarla no trato,
ando mustio. A la Leonora
  desemperramos ayer
y con su Muñiz está.
Cercado el moro nos ha
celoso por la mujer;
  pues antes que el Sol los riscos
aforre de su oropel,
a pesar del Ismarrel
me he de almorzar dos moriscos.
  Aún me vengo enmahometado
en mi alquicel y bonete,
y con el nombre de Hamete
a su ejército he llegado.
  Dios me la depare buena;
que si a dos o tres engaño,
haremos, año, buen año

para el almuerzo y la cena;
mas, hételos a los dos
que al cielo mi hambre pedía.

(Salen un alfaquí y otro moro.)

Alfaquí   No escapará de este día
el cristiano.

Moro   Siendo vos
morabito y alfaquí,
habráoslo ya revelado
Mahoma.

Alfaquí   De él he alcanzado
su destrozo.

Brito (Aparte.)   (Perro, ansí,
pues, estaos en ese tema,
que ambos me lo pagarés.)
¡Ah de los moros!

Alfaquí   Quién es?

Brito   Buzterona Alá y Salema.

(Hace una reverencia muy grande.)

       ¿Quién es vuesa morería
que anda a estas horas en vela?

Alfaquí   ¿Quién sois vos?

Brito   Só centinela

y hasta ahora he sido espía.

Alfaquí   Yo tengo por Alfaquí
licencia.

Brito   No se debate,
moro alfaquíes a alfayate,
de ese preito más aquí,
  que ya mi enojo se apraca
y es josticia que os respete.

Alfaquí   ¿Llamáisos?

Brito   El moro Hamete.

Moro   ¿Hamete?

Brito   Hamete y Hasaca,
porque he sido pirinola.

Alfaquí   Púes bien, ¿qué nos queréis?

Brito   Que penitencia me deis
de una culpa que, aunque es sola,
  es la tal culpa mayor
que dos puños.

Alfaquí   ¿Contra Alá?

Brito   Contra allá y contra acullá,
que soy grande pecador.

Alfaquí   Pues yo que soy alfaquí
y el Alcorán he estudiado,

si me decís el pecado
sabré el remedio.

Brito   Comí
cuatro libras de jamón.

Alfaquí   ¿Y qué es jamón?

Brito   ¿Qué? Tocino.

Alfaquí   Quitaos de allí.

(Escupen con asco.)

Brito   Y más que vino
con chorizo, salchichón
   y una morcilla por cabo
de escuadra, pero no fraca,
porque dije, si se saca
un cravo con otro cravo,
   ya que hice tal desatino,
porque Mahoma se apraque,
no es mucho que también saque
un tocino a otro tocino,
   y más que hubo vino y pan.

(Van andando los tres.)

Alfaquí   Tal bebida y tal vocablo
el Alcorán lo ha vedado.

Brito   Si le vedó el Alcorán,
   por eso vos pido yo
el perdón por mi dinero;

pero decidme primero:
Mahoma, cuando mandó
   al moro que nunca coma
tocino, ¿por qué se ofende?
¿De qué manera se entiende
el tocino de Mahoma?
   Porque hay mucha distinción;
según lo que yo imagino,
entre el jamón y el tocino
y no mos quita el jamón
   el que al tocino mos quita.

Moro   Pues ¿no es una carne propia?

Brito   Ésa es muy gentil gazopia.
                Vamos andando. Limita
                   nueso profeta arriero
                todo manjar embarazo,
                el jamón es un pedazo
                y el tocino es todo entero,
                   si no, escochar la razón.
                Quien dice, «compre un tocino»,
                entero a llamarle vino.
                Quien dice, «Compre un jamón»,
                   dice un pedazo, esto es vero,
                y así la ley de Mahoma
                manda que nadie se coma
                un tocino todo entero.

Alfaquí   Pues ¿quién le había de comer
                entero?

Moro (Aparte.)   (Bien lo adjetiva.)

Brito	Mahoma nunca nos priva
	de lo que es fácil de hacer;
	mas de lo imposible si,
	que es su ley muy apacible,
	y como es tan imposible
	que un tocino quepa en mí
	todo entero, hay privación
	del tocino y no ha lugar
	en no poderse almorzar
	lo menos, que es el jamón.
	Pero dejando esto a un lado...

Brito

> Mahoma nunca nos priva
> de lo que es fácil de hacer;
>   mas de lo imposible si,
> que es su ley muy apacible,
> y como es tan imposible
> que un tocino quepa en mí
>   todo entero, hay privación
> del tocino y no ha lugar
> en no poderse almorzar
> lo menos, que es el jamón.
>   Pero dejando esto a un lado...

Alfaquí

> Vos blasfemáis o estáis loco.

(Andando poco a poco hacia el vestuario.)

Brito

> Vamos andando otro poco;
> el vino me da coidado,
>   que es argumento distinto,
> porque Mahoma en su estanco
> no dijo tinto ni branco.

Alfaquí

> Privónos del blanco y tinto.

Brito

>   Sí; mas para remediarlo
> y comprir su mandamiento,
> siempre que a beber me asiento
> hago voto de mezclarlo,
>   conque no le ofendo en nada
> ni hay en qué culparme pueda,
> que si el branco y tinto veda
> no veda la calabriada.

Moro

>   ¿Adónde nos alejáis

del ejército? ¿Qué hacéis?

(Echa mano.)

Brito

Adonde, aunque más gritéis,
ningún socorro tengáis.
   Coma tocino o no coma,
alfaquín dell anticristo,
o adorar en Jesucristo
y errenegar de Mahoma,
   o aparejar el garguero.

Alfaquí

Luego, ¿no eres moro?

Brito

¿Cómo,
si almorzándome un solomo
me bautizó un tabernero.
   Acabar, que estó deprisa,
y alargarme los gaznates.

Alfaquí

Cristiano soy, no me mates.

Brito

Pues quedárseme en camisa
   que ese ropaje es morisco
y quien cristiano ha de ser
cristianas tien de traer
las ropas.

Moro

   ¿Y éstas?

Grito

Al cisco.
   Acabemos.

Alfaquí

   ¡Que al fin pudo

burlarnos un portugués!

Brito   ¡Ropa afuera! ¡Acabar, pues!

Alfaquí   Ya acabo.

Moro   Ya me desnudo.

(Desnudándolos saca al uno una servilleta y en ella un pedazo de jamón, y al otro una botella llena.)

Brito   Hasta quedar en pelota.
¿Qué hay en este borujón?
Un pedazo es de jamón.
Sigan. ¿Y estotro? Una bota.
   Pues, hipócritas, picaños,
alcahuetes de la gula,
¿jamón y vino sin bula?
¿sois vosotros ermitaños?

(Tráiganlo al cuello debajo de la ropa.)

          Buenas reliquias al cuello
contra los rayos colgáis;
por Dios, si no os bautizáis,
que os he de pringar con ello.
   Éntrense en esa bodega
donde moros deposito
a quien ropa y vidas quito;
que si cada cual me ruega
   que le deje cristianado,
un tabernero vecino
lo hará, pues, bota y tocino
es tenerlo más andado.

Entrar, señor alfaquín,
mientras con llave los cierro.

(Dales.)

Alfaquí   ¡Mahoma!

Brito   ¿Qué dice el perro?

Moro   ¡Alá!

Brito   ¿Qué gime el mastín?
                     Galgos, entrar y chitón,

(Éntranse.)

mientras hacer determino
gorgoritos con el vino,
pinitos con el jamón.

(Come, bebe y vase. Salen don Alfonso, don Egas, don Pedro, y don Gonzalo.)

Alfonso   Cumplir las obligaciones
del alma en primer lugar,
animosos portugueses,
y alcanzaréis lo demás.

Egas   Ya todos, rey generoso,
confesados, llorado han,
sus culpas y en el convite
incruento del altar
han recreado las almas.

Alfonso   Pues en fe del sacro Pan,
                                   Sol que entre nubes se absconde,
                                   Ambrosía celestial,
                                   Cordero cuando Pastor,
                                   Amor que acechando está
                                   por viriles y canceles
                                   de ese cándido cristal,
                                   la victoria os aseguro.
                                   Dioses sois si a Dios lleváis.

(Sale Ismael con alfanje y adarga.)

Ismael   Alfonso desvanecido,
                                   rey de un instante no más,
                                   que te coronaste anoche
                                   por que llegues a juntar
                                   el laurel a tus cipreses,
                                   los gozos con el pesar,
                                   ¿qué esperas que no te rindes?
                                   Cercado, mísero, estás
                                   de trescientos mil infantes,
                                   tigre hambriento cada cual;
                                   no necesitan de flechas,
                                   no de alfanjes que esmaltar
                                   en sangre que el temor hiela,
                                   que a soplos os matarán.
                                   Yo mismo vengo en persona,
                                   compasivo de tu edad,
                                   a que uses de mi clemencia,
                                   acción que no hice jamás.
                                   Dame a Leonora por dueño,
                                   desocupa a Portugal,
                                   niega la ley del bautismo,
                                   sigue la de mi Alcorán,

casaréte con Celima,
deuda mía, y poseerás
a Jerez de Extremadura
en dichosa y quieta paz.

Alfonso

¡Oh, bárbaro descreído,
que, descendiente de Agar,
su esclavitud, es tu herencia,
pues ella lo fue de Abrahán!
¿Tú persuadirme a que siga
la secta torpe y bestial
de tus bárbaros errores,
de tu profeta infernal?
Saca el frenético acero,
que presto en éste verás
cuán poco te favorece
tu blásfema impunidad.

Ismael
(Pelean los dos.)

Aguarda, desvanecido.
Mis alarbes, ¿qué esperáis?
Segura tenéis la presa;
sino es que saben volar,
no se os irá de las manos.

(Tocan al arma.)

Alfonso

Ea, héroes de Portugal,
¡cierra España, Santiago!
¡Que en su fiesta peleáis!

(Peleando entran; y salen Alfonso peleando, Egas contra los Moros y peleando se entra, luego sale doña Leonor peleando, lo mismo los demás.)

Moro

¡Viva Ismael invencible,

nuevo Sol, segundo Alá,
competidor de Mahoma!

Otro

Aquí de nuestro Alcorán;
que este prodigio del cielo,
este español Anibal,
este Hércules portugués
es de bronce.

Leonor

Hoy vengarán
mis enojos a mi padre.
Canalla torpe, esperad
a una mujer portuguesa,
porque a sus pies advirtáis
que hay Semíramis cristianas,
que amazonas castas hay,
que hay en Portugal Minervas,
prodigios de nuestra edad.

(Éntrase tras los moros, y sale Giraldo peleando con el mismo traje.)

Giraldo

En defensa de la cruz,
justo es, canas, que volváis
al ya jubilado acero,
pues Dios aliento nos da.

(Vase peleando. Sale don Alfonso con la bandera de sus armas siempre, y
don Egas contra los moros, y éntrese don Alfonso peleando y también los
demás portugueses.)

Alfonso

Ea, valiente Muñiz;
ea, valeroso Páez;
fuerte Amaya, Fría, Coutiño,
Viegas noble, destrozad,

romped, seguid los infieles.
Hierba es inútil que está
esterilizando torpe
la católica heredad.
Segadores de la iglesia
sois, su cizaña arrancad,
que Dios, padre de familias,
os apercibe el jornal.
De sus llagas soy alférez,
Cristo es nuestro capitán,
ivivan con tanto caudillo
las quinas de Portugal!

(Éntranse peleando. Sale Brito tras los moros.)

Brito

Pollos con agraz por julio
diz que es sabroso manjar;
pues en el temor sois pollos
yo he de poner el agraz.
Vaya agora aqueste grumo.

(Dales y caen.)

Uno

¡Ay, Mahoma!

Brito

     ¡Y como que hay!
Hendo buñuelos de azufre
en el entresuelo está.

Otro

Huye de este fiero lobo.

Brito

No por ahí, por acá:

(Acuchilladas los mete en la cueva.)

métanse en la ratonera
donde los chero embolsar
para her de ellos baratillo.
Aquéste se llama izas!

(Dales.)

Otro   ¡Alá, favor!

Brito   Allá busca,
                            pues por aquí van allá.

(Éntranse peleando. Salen todos de marcha.)

Alfonso   Murió el blasfemo Ismael.

Todos   ¡Victoria por Portugal!

Alfonso   ¡Victoria por. nuestras quinas!

Giraldo   Huyendo los moros van.

Pedro   Innumerables han muerto.

(Ponen la bandera de las quinas en un trofeo eminente, y al colocar la cruz toquen chirimías y todos se hincarán de rodillas cuando lo diga don Alfonso.)

Alfonso   Esas armas colocad,
                            católicos portugueses,
                            sobre nuestro trono real.
                            Postrar todos las rodillas.
                            ®Cruz santa que al Leviatán

mortífero nos rendistes,
árbol del segundo Adán,
que la fruta del primero
venenosa, remediáis
con ese engerto pendiente,
Dios eterno, hombre mortal;
llagas por mi bien abiertas,
aunque las abrió mi mal,
que hasta vuestro corazón
la entrada nos franqueáis,
vuestra ha sido esta victoria;
triunfad, mis llagas, triunfad,
y eternice en vuestras quinas
sus blasones Portugal."

8Levántanse y música.)

Premiemos ahora, amigos,
hazañas que el lauro os dan.
Yo he prometido a la cruz
una orden militar.
Las aves que el vuelo alzaron
cuando nos dieron señal
de esta vitoria celeste
también a esta Orden darán
nombre que no eclipse el tiempo;
que, aunque de Alcántara es ya,
las aves del vaticinio
de Avis la han de intitular.
Sed vos su primer maestre
su caudillo y capitán,
valiente Gonzalo Viegas.

Giraldo   Feliz si tus pies me das.

Alfonso	A vos, que en vejez dichosa, Giraldo, pronosticáis laureles hoy conseguidos, os tengo de presentar para arzobispo y pastor Bracarense.
Giraldo	Ya mi edad...
Alfonso	Basta; haráme esta merced la romana santidad. Gonzalo Méndez de Amaya adelantado será mayor, pues lo es en sus hechos, del reino de Portugal.
Giraldo	Siglos en vez de años cuentes.
Alfonso	A vos también, Pedro Páez, mi arferez mayor os nombro.
Pedro	Premio es de tu mano real.
Alfonso	Déle a don Egas Muñiz por amante y por leal, Leonor la mano de esposa; pues es de mi casa ya caballerizo mayor.
Egas	Llegó mi felicidad a lo sumo del deseo.
Alfonso	Y a doña Elvira Gualtar,

un tiempo amoroso hechizo
de mis años, mejorar
supo afectos religiosa,
Teresa y Urraca están
á mi cargo y son mis hijas;
la primera casará
con don Fernando Martínez,
Marte en guerra, Numa en paz,
siendo señor de Braganza,
y la segunda tendrá
al noble don Pedro Alfonso
de Viegas, nuevo Anibal,
por consorte esposo y dueño.
Ya surca Matilde el mar,
bella infanta de Saboya,
para que pueda reinar,
como mi esposa en mi pecho,
como Sol en Portugal.

(Sale Brito.)

Brito   Vengan a la almoneda.

Alfonso   ¡Brito!

Brito   ¿Chérenme comprar
para agujetas de perro,
porque si no rabiarán,
una hacina de moriscos?

Alfonso   ¿Haslos muerto tú?

Brito   Verá
si soy médico perruno,

¿quién los había de matar?

Alfonso   Doyte por cada cabeza
cien cruzados.

Brito   Pues cruzán
y vayan grande con chico,
hételos adónde están,

(Descubre un montón de moros muertos unos sobre otros en diferentes posturas.)

Alfonso   Cobarde valiente fuiste,
mayores premios tendrás.
De tu aldea eres señor.

Brito   Pues no me pienso casar.

Alfonso   Vamos al templo celeste,
a la mesa del Maná,
a las aras del Cordero,
al convite del altar,
donde entre puros viriles
la fe nos muestra al Isaac
de su padre sacrificio,
del mundo felicidad.
Cantaréle esta victoria
himnos dulces en la paz,
pues han triunfado en la guerra
Las quinas de Portugal.

Fin

Libros a la carta

A la carta es un servicio especializado para
empresas,
librerías,
bibliotecas,
editoriales
y centros de enseñanza;
y permite confeccionar libros que, por su formato y concepción, sirven a los propósitos más específicos de estas instituciones.

Las empresas nos encargan ediciones personalizadas para marketing editorial o para regalos institucionales. Y los interesados solicitan, a título personal, ediciones antiguas, o no disponibles en el mercado; y las acompañan con notas y comentarios críticos.

Las ediciones tienen como apoyo un libro de estilo con todo tipo de referencias sobre los criterios de tratamiento tipográfico aplicados a nuestros libros que puede ser consultado en Linkgua-ediciones.com.

Linkgua edita por encargo diferentes versiones de una misma obra con distintos tratamientos ortotipográficos (actualizaciones de carácter divulgativo de un clásico, o versiones estrictamente fieles a la edición original de referencia).

Este servicio de ediciones a la carta le permitirá, si usted se dedica a la enseñanza, tener una forma de hacer pública su interpretación de un texto y, sobre una versión digitalizada «base», usted podrá introducir interpretaciones del texto fuente. Es un tópico que los profesores denuncien en clase los desmanes de una edición, o vayan comentando errores de interpretación de un texto y esta es una solución útil a esa necesidad del mundo académico.

Asimismo publicamos de manera sistemática, en un mismo catálogo, tesis doctorales y actas de congresos académicos, que son distribuidas a través de nuestra Web.

El servicio de «libros a la carta» funciona de dos formas.

1. Tenemos un fondo de libros digitalizados que usted puede personalizar en tiradas de al menos cinco ejemplares. Estas personalizaciones pueden ser de todo tipo: añadir notas de clase para uso de un grupo de estudiantes,

introducir logos corporativos para uso con fines de marketing empresarial, etc. etc.

2. Buscamos libros descatalogados de otras editoriales y los reeditamos en tiradas cortas a petición de un cliente.